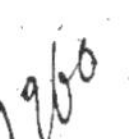

GALERIE THÉATRALE

CHOIX

DE

PIÈCES NOUVELLES

PRIX :

PARIS
AU MAGASIN CENTRAL DE PIÈCES DE THÉATRE
ANCIENNES ET MODERNES
Rue de Grammont, 14

CASTAGNETTE,

VAUDEVILLE EN UN ACTE,

PAR M. DESLANDES. (Paulin)

Représentée pour la première fois, à Paris, sur le théâtre des Variétés, le 27 janvier 1850.

PERSONNAGES.	*ACTEURS.*
BICHONNIER, droguiste-propriétaire...	M. Leclère.
PANTIN, son neveu...	M. Duvernoy.
UN ÉTUDIANT...	M. Eugène.
CASTAGNETTE...	Mlle Delorme.
ANNETTE, pupille de Bichonnier...	Mlle Virginie.
BLONDINE, portière...	Mlle Flore.
Un Commissionnaire, personnage muet.	
Étudiants et Grisettes.	

Le théâtre représente une chambre nue fraîchement décorée. — Porte au fond. — Fenêtre à droite au deuxième plan. — A gauche, au troisième plan, une porte. — Au premier plan, une cheminée. — Une seule chaise. — *Toutes les indications sont prises du spectateur.*

SCÈNE I.

ANNETTE, BICHONNIER, *assis au milieu du théâtre et s'essuyant le front*; PANTIN.

(1) Pantin. Que ce petit appartement est donc gentil à présent.

Annette. Le papier est d'un goût!... C'est vous qui l'aviez choisi, mon tuteur...

Pantin. Et il est collé!... Il n'y a pas un colleur qui eût mieux fait!... car c'est vous qui l'avez collé, mon oncle.

Bichonnier. C'est ça, vous me flattez, parce que vous sentez les torts que vous avez eus envers moi... Votre intrigue avec cette Castagnette!...

Annette. C'est moi qui devrais le plus m'en plaindre, et je ne dis rien. Je n'avais pas la prétention, en épousant M. Pantin, d'épouser...

Bichonnier. Quoi?

Annette. Dame...

Bichonnier. Quoi?...

Pantin. Non... Annette veut dire qu'en m'épousant, elle n'espérait pas épouser... une... Jeanne d'Arc...

Annette, *se fâchant*. Ah! par exemple!... est-ce que j'aurais jamais osé dire une chose comme ça... que je ne comprends pas...

Bichonnier. Alors, si tu ne comprends pas, pourquoi te fâches-tu?

Pantin. J'aurais dû me servir de l'expression de rosière.

Annette, *vivement*. Juste! voilà ce que je voulais dire... D'ailleurs, un étudiant en médecine...

(1) Annette, Bichonnier, Pantin.

Pantin. C'eût été invraisemblable.

Bichonnier, *se levant*. (*Annette remet la chaise à gauche.*) Aussi, avec l'énergie de mon caractère, moi, Bichonnier, droguiste distingué, je n'ai pas tergiversé pour vous dire : vous allez tout de suite quitter cette grisette, qui sans doute vous disait du mal de moi... (*A part.*) Ça m'étonnerait, mais c'est pour...

Pantin. C'est pourtant vrai, mon oncle...

Air : *Adieu, je vous fuis, bois charmant.*

Car sans cesse elle me disait :
« Ton oncle est un' vieille ganache!... »
Je répondais : « S'il t'entendait!...
« — Ça m'est bien égal qu'il le sache!... »

BICHONNIER.

Ah! respectez ma dignité!

PANTIN.

C'est la vérité... sans médire,
J'affirme...

ANNETTE.

Mais la vérité
N'est pas toujours très-bonne à dire.
Non, monsieur, non, la vérité, etc.

Bichonnier. Hein?... vous aussi?...

Annette. Non... je dis, que si c'est la vérité qu'elle tenait des propos aussi scandaleux, aussi faux...

Bichonnier, *à Pantin*. Bref, si vous ne m'aviez pas obéi, Annette était perdue pour vous... Je me mariais, et vous n'auriez rien eu après moi.

Pantin, *soupirant*. Aussi ai-je obéi.

Annette. Vous soupirez?... vous avez l'air de vous en repentir.

1850

PANTIN. Oh! non... mais c'est que vous ne savez pas le courage qu'il m'a fallu pour oser quitter Castagnette!

BICHONNIER. Ne vas-tu pas vouloir me prouver que c'est un gendarme déguisé?

PANTIN. Pis que ça, mon oncle! .. Quand je lui ai dit que vous exigiez notre rupture, elle a d'abord juré de se venger de vous.

BICHONNIER. Un droguiste sans reproche est au-dessus de ces menaces.

PANTIN. Oh! c'est que, vous, mon oncle, vous, propriétaire, vous ne comprenez pas la portée de cette menace dans sa bouche.

BICHONNIER. Serait-elle capable de mettre le feu à ma propriété?

PANTIN. Pis que ça!... Sachez que Castagnette... il faut lui pardonner, c'est passé à l'état chronique, c'est passé dans le sang... a juré que jamais un propriétaire...

SCÈNE II.

LES MÊMES, BLONDINE.

(1) BLONDINE, *entrant par le fond et remettant un papier à Bichonnier* Monsieur, voilà un commandement pour payer l'amende au commissaire de police.

BICHONNIER. Pour quelle cause? (*Annette remonte et va près de Pantin.*)

(2) BLONDINE. Parce que je n'avais pas balayé le devant de la rue, donc!... (*Elle prend une prise de tabac.*)

BICHONNIER, *furieux*. Et vous me dites ça avec un sang-froid!...

BLONDINE. Pardié! faut-il pas que je me fasse périr pour une méchante amende.

BICHONNIER. Mais c'est la dixième que...

BLONDINE. Bath!... vous en paierez bien d'autres!... Notre sexe n'est pas des chevaux!... A l'heure qu'il faut balayer, je fais mon café au lait. Ma pauvre estomac se délabrerait si je ne prenais pas mon café.

BICHONNIER. Vous en ferez tant, que...

BLONDINE, *bas*. Ah! Eustache, comme tu me traites!

BICHONNIER. Plus bas, malheureuse, plus bas!

BLONDINE. Eh ben! quoi!.. qu'est-ce que vous avez à vous démancher comme ça?... (*Passant près d'Annette et de Pantin.*) (3) Est-ce que vous avez entendu que j'avais tutoyé monsieur?

PANTIN et ANNETTE. Non.

BLONDINE. Tu vois bien, ils n'ont pas entendu. (*Elle remonte.*)

(4) BICHONNIER. Assez!... Pantin, puisque ton mariage avec Annette est décidé, je veux te donner une preuve de ma munificence avunculaire.

PANTIN. Ah! mon oncle, que vous êtes bon!

BICHONNIER. Tu vas aller chez le tailleur de la rue à côté, M Ugolin...

PANTIN, *tremblant*. Ah! mon Dieu, chez M. Ugolin.

BICHONNIER. Eh bien! qu'est-ce que tu as?

PANTIN. Oh! rien. (*A part.*) C'est dans sa maison que demeure Castagnette, et si elle me rencontrait...

ANNETTE. Eh bien? qu'est-ce qui vous prend?... Votre oncle est dans sa veine de générosité, et vous ne lui sautez pas au cou?

PANTIN. Eh bien!... oui, mon oncle, et je lui dirai...

BICHONNIER. Qu'il me fasse un habit comme le dernier qu'il m'a fait, il y a onze ans, la même coupe, la même couleur... Je veux être superbe le jour de ton mariage.

PANTIN, *stupéfait*. Comment! c'est pour... J'y vais, mon oncle... (*A part.*) Risquer une danse, pour aller lui commander...

ANNETTE. Mais qu'avez-vous donc?... Vous avez un air tout singulier...

PANTIN. Je ne sais, mais il me semble qu'il va me tomber sur la nuque un pavé du ciel!

BICHONNIER. Cette crainte est chimérique, mon neveu... ça ne s'est jamais vu.

PANTIN, *bas à Bichonnier*. Ah! c'est que voir Castagnette accepter si froidement, si paisiblement notre rupture, c'est encore plus invraisemblable, et si vous la connaissiez...

BICHONNIER. Avec l'énergie de mon caractère, j'aimerais à lutter contre cette femme!

BLONDINE, *le regardant avec admiration*, Qu'il est beau, ce gueux-là, quand il se dessine!

ANNETTE, *à Pantin*. Allons, venez : je vais faire le nœud de votre cravate, car vous n'êtes gentil que quand je m'en mêle.

PANTIN. Annette!... c'est depuis que j'apprécie votre gentillesse, votre douceur, que je vois la différence avec ce dragon femelle qui répond au nom de...

BICHONNIER, *qui parlait bas avec Blondine, frappant du pied avec colère*. Encore!...

PANTIN, *faisant un bond*. Ah!... j'ai cru que c'était elle!

BLONDINE, *qui continuait sa conversation avec Bichonnier*. Vous vous emportez encore à tort... (*Aux autres.*) Est-ce que vous m'avez entendue le tutoyer?

ANNETTE et PANTIN. Non.

BLONDINE. Tu vois bien, ils n'ont rien entendu.

ENSEMBLE.

AIR *de la Jota Aragonaise.* (*Pas espagnol.*)

Venez, / Allez, / Allons, } lorsqu'Annette,
Pour { votre / notre } toilette,
Aujourd'hui s'apprête,
Venez... / Allez.... / Allons... } au surplus,
Je vous le / Elle le { répète,

(1) Annette, Blondine, Bichonnier, Pantin.
(2) Blondine, Bichonnier, Annette, Pantin.
(3) Bichonnier, Blondine, Annette, Pantin.
(4) Blondine, Bichonnier, Pantin, Annette.

Vous m'rompez } la tête
On lui rompt }
Avec Castagnette...
} Ne r'commencez plus.
} Ne r'commençons plus.

ANNETTE, *à part.*

Femme volontaire
Le mène à son gré :
C'est facile à faire,
Et m'en souviendrai.

Reprise de l'ensemble.

(*Annette et Pantin sortent par le fond.*)

SCÈNE III.

BICHONNIER, BLONDINE.

BICHONNIER. Concierge!

BLONDINE. Nous sommes seuls... appelle-moi Blondine!...

BICHONNIER. Ah! ne me rappelez donc pas sans cesse une erreur de ma jeunesse.

BLONDINE. Dites donc, c'était plutôt une erreur de la mienne, car vous n'avez jamais été beau.

BICHONNIER. Blondine!

BLONDINE. Le linge blanc vous rendait seul passable, et vous n'en mettiez pas tous les jours.

BICHONNIER. Portière!

BLONDINE. Souffrir qu'une faible femme, qu'on a aimée, soit confinée dans une loge, exposée aux propos des galants, parce qu'on a fait fortune dans les drogues!

BICHONNIER. C'est par ma capacité, mon énergie, que...

BLONDINE. Il en faut donc beaucoup d'énergie pour vendre de la cannelle et du bois de Campêche? Ce qu'empêche pas que je fus ta fiancée, Eustache!

BICHONNIER. Blondine!

BLONDINE. Et que, sans ce brigand d'étudiant, à qui j'avais confié ta promesse de mariage, et qui s'est avisé de mourir...

BICHONNIER. Ne vous frottez pas à mon caractère de fer... vous vous y briseriez... et écoutez-moi..

BLONDINE. Oui, maître... Je dis maître, parce que je fus ta maîtresse, Eustache!

BICHONNIER. Encore!... Est-il venu quelqu'un voir cet appartement?

BLONDINE. Ah! ce chenil!... Qui est-ce qui en voudrait pour 200 fr. par an!... ça vaut 100 fr. comme le manche d'une étrille.

BICHONNIER. Oui; mais, dans les moments perdus que me laissent mes drogues, j'y ai mis du papier de mes propres mains... ça vaut bien 50 fr. de plus... Vous le louerez 250.

BLONDINE. Ah! tu t'abuses, Eustache! comme tu m'as t'abusée!

BICHONNIER. De plus, vous ne louerez pas sans me le dire; que je prenne des informations, que je voie les meubles... Ma maison est trop bien composée pour que...

(1) Bichonnier, Blondine.

BLONDINE. Fallait vous faire mettre des locataires faits exprès à l'exposition.

UNE VOIX, *en dehors.* Mam'selle Blondine!.. on vient pour louer l'appartement!

BICHONNIER. Ah! descendez, et faites monter.

BLONDINE, *qui allait pour sortir, revenant sur ses pas* (1). Fais-moi plaisir une seule fois, Eustache... tutoie-moi à ton tour!

BICHONNIER. Vous connaissez l'énergie de mon caractère... allez!

BLONDINE. Savoyard d'Auvergnat, va! (*Elle sort par le fond.*)

SCÈNE IV.

BICHONNIER, *puis* BLONDINE *et* CASTAGNETTE.

BICHONNIER, *seul.* On vient voir l'appartement... rangeons... rangeons un peu... (*Il porte la chaise de gauche à droite.*) car avec cette satanée Blondine, je ne puis exiger... J'ai beau avoir un caractère de fer, je l'ai trompée, la malheureuse!

AIR *de la Fête du village voisin.*

Lorsque fringant et chaud comme une caille,
Je lui prenais la taille entre mes doigts,
Son œil brillant et son piquant minois
Etaient véritable trouvaille.
Mais quel changement!
Son œil maintenant
Est terne, et je cherche où fus jadis sa taille.
Pour elle tant pis!
Maintenant je dis
Que, pour retenir un homme en ses filets,
Il faut que femme ait toujours mêm's attraits,
Même œil, même taille!... Enfin, malgré le temps,
Elle doit n'avoir jamais plus de vingt ans!
Impossible ou non, pour garder ses amants,
La femme jamais doit n'avoir que vingt-ans!

BLONDINE, *entrant par le fond.* Entrez, madame, c'est ici.

(2) CASTAGNETTE, *qui la suit.* Oh! mais cet escalier n'est pas raide du tout... il est malpropre, très-mal tenu... mais, à cela près, il est très-beau.

BICHONNIER. Vous entendez, concierge.

CASTAGNETTE. Un homme!... pardon.

BICHONNIER, *faisant l'aimable.* Je ne suis pas un homme... je suis le propriétaire de céans.

CASTAGNETTE, *de même.* J'aurais dû le deviner... On reconnaît un chien de race à ses oreilles et à son double nez, et un propriétaire pursang à... Vous devez l'être de naissance?

BICHONNIER, *avec orgueil.* Non, madame; c'est avec le fruit de mes économies, et grâce à l'énergie de mon caractère, que j'ai pu...

CASTAGNETTE. Vous n'en êtes que plus vertueux... Monsieur professe?...

BICHONNIER, *avec orgueil.* La droguerie en gros et en détail, madame.

(1) Blondine, Bichonnier.
(2) Blondine, Castagnette, Bichonnier.

CASTAGNETTE, *avec compassion*. Ah! quel malheur!

BICHONNIER. Qui vous fait soupirer, madame?

CASTAGNETTE, *d'un ton de commisération*. Droguiste! (*Lui prenant la main avec intérêt.*) Allons, ne vous affectez pas comme ça... car enfin, dans ce monde, chacun a ses petites infirmités... Autant celle-là qu'une autre... vous auriez pu avoir un état plus désagréable... (*Elle passe à droite.*)

(1) BICHONNIER, *vexé*. Madame!

CASTAGNETTE. Je n'en connais pas... mais enfin il pourrait y en avoir.

BICHONNIER. Qu'est-ce qu'elle dit donc?

CASTAGNETTE. Ah! tenez, voilà un appartement comme j'en rêvais un... dans une maison comme la vôtre.

BICHONNIER. Il pourrait plaire à madame?

CASTAGNETTE. Certainement, monsieur..... Monsieur?...

BICHONNIER, *saluant*. Bichonnier, droguiste distingué, qui, par l'énergie de son caractère...

CASTAGNETTE. Bichonnier! ah! le joli nom!.. Je suis sûre que votre petit nom est Lindor...

BICHONNIER. Non, madame, mon petit nom est Eustache.

BLONDINE, *avec amour*. Eustache!...

CASTAGNETTE. Ça tranche mieux avec Bichonnier... Et combien cet appartement?

BICHONNIER. Les papiers sont tout neufs... (*Désignant la porte de gauche.*) La pièce à côté est ravissante... (*Castagnette passe au milieu.*) (2) En montant sur une chaise, vous pouvez voir faire la barbe à un de nos plus célèbres représentants.

CASTAGNETTE De la Montagne?

BICHONNIER. Non. Ceux-là ne se font point la barbe... ils la portent à tous crins.

CASTAGNETTE, *souriant*. Oh! mais voilà un avantage qui doit vous faire renchérir votre appartement.

BICHONNIER. De plus, la maison est très-bien composée. A côté, un savant qui fait si peu de bruit, qu'on entend dans sa chambre une mouche voler.

CASTAGNETTE. Ah!... est-ce que vous avez beaucoup de mouches dans cette maison?

BICHONNIER. Ah! dans les grandes chaleurs seulement... comme partout. (*Montrant la gauche.*) Là, au-dessous, c'est un horloger, toujours l'œil sur sa loupe...

CASTAGNETTE. Oh! une loupe sur l'œil... c'est bien disgracieux à voir pour un locataire!

BICHONNIER. Oh! elle n'est pas de naissance... C'est la loupe qu'il se met à l'œil pour travailler à ses montres... (*Riant.*) madame a cru...

CASTAGNETTE et BLONDINE, *riant*. Ah! ah! ah!

BICHONNIER, *à Blondine*. Assez! assez!

CASTAGNETTE, *se formalisant*. Monsieur Bichonnier, est-ce que c'est à moi?...

BICHONNIER. Non, madame... C'est à ma femme de charge...

(1) Blondine, Bichonnier, Castagnette.
(2) Blondine, Castagnette, Bichonnier.

CASTAGNETTE, *passant à droite*. Ah! à la bonne heure, car sans ça...

(1) BICHONNIER. Au premier, un médecin allopathe.

CASTAGNETTE. Ah! je les antipathe!

BICHONNIER. Vous préféreriez qu'il fût homéopathe?...

CASTAGNETTE. Au fait, si on se casse une patte!...

BICHONNIER, *étonné*. Hein?

CASTAGNETTE, *à part*. Non! je m'oublie. (*Haut.*) Enfin, le prix?

BLONDINE. Voilà le hic: monsieur ne veut pas le laisser à moins de .. (*A part.*) Ma pudeur rougit de dire 250 fr... (*Haut.*) A moins de...

BICHONNIER, *l'interrompant*. De 400 fr.

BLONDINE, *effrayée*. Ah! bah!

CASTAGNETTE. Que ça?

BICHONNIER. Vous ne trouvez pas ça cher?

CASTAGNETTE. C'est pour rien. (*A part*) Pour ce que tu en toucheras...

BICHONNIER, *triomphant*. Vous voyez, Blondine!

BLONDINE, *bas*. Pour être si facile, il faut que ça *soye* une...

BICHONNIER, *bas*. Diable! prenons nos précautions.

CASTAGNETTE. Monsieur Pigeonnier...

BICHONNIER. Bichonnier, madame, droguiste distingué, qui par l'énergie de son...

CASTAGNETTE. Caractère... connu... Monsieur Bichonnier, j'arrête votre appartement... Mais vous ne me connaissez pas .. j'exige que vous preniez des renseignements.

BICHONNIER. Ah! madame, c'est inutile... on voit tout de suite. .

CASTAGNETTE. Ah! ça me ferait penser que vous êtes léger à l'endroit du choix des locataires, et ça ne m'irait pas!... Dame, mes habitudes sont si paisibles! si paisibles!

AIR *de madame Favart*.

Un rien me trouble... une mouche qui vole,
Une souris qui trotte en liberté,
Un chat qui miaule... enfin tout me désole,
Tant j'ai besoin de ma tranquillité!
Aussi, tenez, si quelque locataire
Chez vous faisait un bruit inusité;
Je le battrais dans ma juste colère...
Tant j'ai besoin de ma tranquillité!

J'exige donc que vous alliez chez M. Ugolin...

BICHONNIER. Le tailleur... Oh! je le connais beaucoup.

CASTAGNETTE. Demandez-lui des renseignements sur sa locataire, mademoiselle Courtois, professeuse de langues.

BICHONNIER. Ah! madame, il va peut-être me dire du mal de vous, car il m'en veut. Il y a six ans, j'ai fait faire un pantalon chez un autre, et depuis ce temps, je...

CASTAGNENTE. Il vous dira du bien de votre servante, aussi vrai que vous ne verrez jamais un terme...

BICHONNIER. Hein?. .

(1) Blondine, Bichonnier, Castagnette.

CASTAGNETTE. Un terme au respect que m'inspire un droguiste de votre caractère.

BICHONNIER. J'y vais donc pour vous obéir... (*Bas à Blondine.*) Vous voyez bien que vous êtes une oie. (*Il sort par le fond.*)

SCÈNE V.

CASTAGNETTE, BLONDINE.

(1) BLONDINE, *furieuse et remontant.* Une oie!... une oie!... et je me laisserais ainsi traiter par un homme qui...

CASTAGNETTE, *à part.* Ah! mon Pantin, tu m'as plantée là : à nous deux!

(2) BLONDINE, *au fond, toujours furieuse.* Une oie!... Gros canard, va!..

CASTAGNETTE. Il a l'air bien aimable, ce monsieur?...

BLONDINE, *redescendant.* Aimable?... Il le fut, madame... oui, à Clermont en Auvergne... il était jeune alors... il n'était pas joli... au contraire.. mais il était jeune. Il me dit qu'il m'aime, je rougis; il veut se permettre des licences, je me rebiffe... Alors, voyant que je lui résistais...

CASTAGNETTE Il vous a assassinée, comme Antony?...

BLONDINE. Où va-t-on chercher des bêtises comme ça!... Eh! non, il m'a fait une promesse de mariage.

CASTAGNETTE. Alors... v'lan!

BLONDINE. Comment... v'lan!

CASTAGNETTE. Ça alla tout seul?...

BLONDINE. Ah! oui... (*Baissant les yeux.*) Eh bien! oui, ça alla tout seul. Mais il était ambitieux, il partit pour Paris...

CASTAGNETTE. Avec vous?

BLONDINE. Ah! ouiche!.. Il y fait fortune dans les drogues. Pendant vingt ans, j'allai tous les jours à la poste... pas de lettre... Alors, commençant à m'impatienter, je pars, j'arrive, je lui saute au cou... Il me reçoit froidement... il est vrai que j'étais prodigieusement engraissée... Je lui montre sa promesse de mariage, il me rit au nez...

CASTAGNETTE. Il fallait la faire valoir Ah! si vous aviez été, comme moi, dans le droit!

BLONDINE. Vous avez été dans le droit?

CASTAGNETTE. Oui, avant de me mettre dans la médecine. Le Code dit... article...

BLONDINE. C'est ce diable de droit qui a fait aller mes affaires de travers. Je me décide, il y a trois ans, à confier ma promesse à un étudiant, pour qu'il poursuive... N'a-t-il pas la malpropreté de mourir!... Imprudent, va!

CASTAGNETTE. Cet étudiant s'appelait?...

BLONDINE. Anastase Coquinard. (*Elle remonte.*)

(3) CASTAGNETTE, *passant à droite.* Ah!... et vous n'avez pu r'avoir votre promesse?

BLONDINE, *redescendant.* Non. C'était dans des papiers qu'on n'a pas retrouvés.

(1) Blondine, Castagnette.
(2) Castagnette, Blondine.
(3) Blondine, Castagnette.

CASTAGNETTE.

AIR: *Vaudeville de l'intérieur de l'étude.*

Ah! si vous m'aviez consultée,
Vous auriez vu, par un exploit,
Votre promesse exécutée...
Je suis si forte sur mon droit...
Chaque étudiant m' rendait l'hommage,
Quand je discutais par hasard,
Et n'avait sur moi l'avantage
Que d'être encore plus bavard!

SCÈNE VI.

LES MÊMES, BICHONNIER.

(1) BICHONNIER, *entrant par le fond.* Monsieur Ugolin m'a donné sur vous les renseignements les plus flatteurs, madame.

CASTAGNETTE. J'en étais sûre, monsieur. (*A part.*) Enfin, je suis installée dans cette maison... Maintenant, la vengeance!

BICHONNIER. Il n'y a plus qu'une petite formalité. N'ayant pas la clef de votre appartement, il n'a pu me montrer vos meubles.

CASTAGNETTE, *à part.* Il avait de bonnes raisons pour ça... je n'en ai pas.

BICHONNIER. A l'heure où madame sera chez elle, je...

CASTAGNETTE, *à part.* Cet imbécile d'Ugolin ne pouvait pas lui montrer ses propres meubles, lui qui tenait tant à se débarrasser de moi!

BICHONNIER. Vous dites, madame?...

CASTAGNETTE. Je dis que cette méfiance ajoute encore à ma confiance... parce qu'en effet une locataire qui n'aurait pas de mobilier pour répondre...

BICHONNIER. De son terme... vous concevez... avec l'énergie de mon caractère... je te vous la flanquerais...

CASTAGNETTE, *à part.* Que faire?... (*Haut.*) Après tout, monsieur Ugolin n'aurait pas pu vous montrer mes meubles, vu que...

BICHONNIER. Vu que madame les aurait déjà...

CASTAGNETTE. Fait mettre dans deux voitures de déménagement... car il faut vous dire que j'avais déjà loué, mais j'appris qu'il y avait dans la maison un étudiant, et, comme les jeunes gens font quelquefois du bruit...

BICHONNIER. Ah! vous avez bien fait!... Je les refuse aussi, quand il m'en vient... car la tranquillité avant tout!...

CASTAGNETTE, *à part.* Tu m'en diras bientôt des nouvelles de ta tranquillité!

BICHONNIER. Madame peut donc se regarder comme chez elle...

CASTAGNETTE. Ah!...

BICHONNIER. Du moment où les deux voitures de meubles... car c'est deux voitures que madame...

CASTAGNETTE. Oui, oui, deux voitures... (*A part.*) Me voilà bien... (*Haut à Blondine, en lui donnant de l'argent, pendant que Bi-*

(1) Blondine, Bichonnier. Castagnette.

chonnier remonte un peu.) En attendant, concierge, voilà votre denier-à-dieu.

BLONDINE Cent sous ! . *(Bas à Bichonnier qui redescend.)* Et vous pouviez douter de madame ?...

CASTAGNETTE. Je pars, et reviens avec mes meubles.

AIR : *Nobles chevaliers (Mousquetaires.)*

Votre appartement,
Monsieur, est charmant...
Ce qui, je le dis,
En double le prix,
C'est votre air si doux...
Jamais, entre nous,
On ne vit droguiste aussi charmant que vous.

(Elle sort par le fond.)

SCÈNE VII.

BLONDINE, BICHONNIER.

(1) BICHONNIER. Enfin, voilà donc une locataire selon mon cœur... et à 400 fr. !... *(Il se promène sur le devant de la scène.)*

(2) BLONDINE, *le suivant.* Puisque tu es content, Eustache, tutoie-moi !

BICHONNIER, *de même.* Quelle belle journée pour moi !... Mon neveu, par l'énergie de ma volonté, ayant rompu avec cette Castagnette (3). Son mariage avec Annette est arrêté... Ah ! s'il avait persisté, je me serais marié, pour le punir !...

(4) BLONDINE. Vrai ?... Ah ! si j'avais su...

BICHONNIER. Avec la sage-femme d'à côté.

BLONDINE. Ah !... Auverpin !. .

BICHONNIER, *s'emportant.* Blondine, vous...

BLONDINE. Eh bien ! non... mais dis-moi tu... ne serait-ce que pour me dire : Blondine, fiche-moi la paix !

BICHONNIER. Eh bien ! Blondine, fich...

BLONDINE, *avec volupté.* Ah !...

BICHONNIER. Fich...ez-moi la paix !... *(Il remonte.)*

BLONDINE, *passant à gauche.* Ah !... il ne le dira pas !... Crapaud, va !

(5) BICHONNIER, *redescendant.* C'est vrai... vous voyez que je me jubile, que je suis content, que tout me paraît beau dans mon existence... et vous me rappelez à l'affreuse réalité !...

SCÈNE VIII.

LES MÊMES, ANNETTE *et* PANTIN.

(6) ANNETTE, *entrant par le fond.* Regardez donc, mon tuteur, comme il est gentil !... est-ce cette Castagnette qui lui aurait mis sa cravate comme ça ?...

(1) Blondine, Bichonnier.
(2) Bichonnier, Blondine.
(3) Blondine, Bichonnier.
(4) Bichonnier, Blondine.
(5) Blondine, Bichonnier.
(6) Blondine, Bichonnier, Annette, Pantin.

PANTIN. D'abord, je ne lui aurais pas confié mon cou... elle avait parfois des mouvements nerveux...

ANNETTE. Mais savez-vous qu'en toilette il est presque passable...

PANTIN. Ah ! ça, mais, dites donc....

ANNETTE. Si je vous aime comme ça ?... D'ailleurs, pourvu qu'un homme soit un peu plus beau qu'un loup... et puis, ce n'est pas à ce point-là...

(1) BICHONNIER, *d'un air aimable, regardant Pantin qui passe près de lui.* Ça, c'est vrai... tu n'es pas trop mal .. il y a du Bichonnier dans ce sang-là !...

PANTIN. Merci, mon oncle... Mais comme vous avez l'air joyeux !

BICHONNIER. C'est que je viens de louer mon appartement...

ANNETTE. Vrai ?

BICHONNIER. Quatre cents francs !...

PANTIN. Bah ! et à qui ?...

BICHONNIER. A une jeune personne charmante.

PANTIN. Ah ! tant mieux !

BICHONNIER. J'ai été prendre des renseignements chez monsieur Ugolin...

PANTIN, *près de s'évanouir.* Ugolin !... Ah ! mon Dieu ! une chaise !...

ANNETTE. Qu'avez-vous ?...

PANTIN. Le nom ?...

BICHONNIER. Mademoiselle Courtois.

PANTIN. Ah ! je respire !... *(A part, passant à droite.)* (2) Mais je ne connaissais pas son nom de famille. *(Haut.)* Une chaise ! *(Il tombe sur la chaise.)*

BICHONNIER. Quant à son mobilier, deux voitures... rien que ça

PANTIN, *respirant.* Deux voitures !... *(A part.)* Ah ! ce n'est pas elle !

BICHONNIER. Mais qu'as-tu donc ?... Serais-tu fâché ?...

(3) PANTIN, *se levant et revenant près de son oncle.* Non... mais je vais vous dire... *(Bas.)* j'avais peur que ce ne fût Castagnette.

BICHONNIER. Elle aurait osé !...

PANTIN. Elle se serait gênée ! ..

BICHONNIER. Connaissant la fermeté de mon caractère... car tu lui as sans doute dit...

PANTIN. C'eût été une raison de plus. *(Annette remonte.)*

BICHONNIER. Mais, elle aurait eu cette impudence, que je l'aurais rendue malheureuse comme les pierres !... Un seul retard d'une heure dans le paiement de son terme ..

PANTIN. Mais elle n'a jamais payé un terme de sa vie !...

BICHONNIER. Et tu as pu être lié avec une femme qui ne paie pas son loyer !... *(Bruit de voiture en dehors.)*

(4) BLONDINE, *allant regarder à la fenêtre.* Monsieur, voilà trois voitures de meubles, qui entrent dans la cour avec notre nouvelle locataire.

(1) Blondine, Bichonnier, Pantin, Annette.
(2) Blondine, Bichonnier, Annette, Pantin.
(3) Blondine, Bichonnier, Pantin, Annette.
(4) Annette, Bichonnier, Pantin, Blondine.

BICHONNIER. Trois voitures de meubles!... et elle n'en annonçait que deux!... Voilà ce qui s'appelle pratiquer la délicatesse!... On a des répondants en cas de retard... Mais cette Castagnette... (*Allant à la fenêtre.*) Tiens, viens voir, Pantin, comme elle a l'air décent, doux et timide!...

(1) PANTIN. Oh! du moment qu'elle a trois voitures de meubles, je suis rassuré... et ne tiens qu'à voir ma petite Annette, qui me boude...

BICHONNIER. Je vais au-devant d'elle... Blondine, suivez moi. (*Il sort par le fond.*)

BLONDINE, *le suivant.* Oh! tutoie-moi, Eustache! (*Elle sort derrière Bichonnier.*)

SCÈNE IX.

ANNETTE, PANTIN.

(2) PANTIN. Annette, ne me boude pas... (*Annette passe à droite.*) (3) Réfléchis combien c'eût été vexant pour moi de me voir frappé devant toi... car elle m'aurait battu!

ANNETTE. Elle est donc bien méchante?

PANTIN. Mais non .. bonne... excellent cœur, quand on sait la prendre... excepté, par exemple, sur le chapitre des propriétaires...

ANNETTE. Mais, si vous dites qu'elle a si bon cœur...

PANTIN. C'est sa main, qui, lorsqu'elle est agitée par un sentiment nerveux... V'lan!.. Tiens, je suis pourtant bien énergique... comme mon oncle... Eh bien! si je la voyais là ..

ANNETTE. Voilà que vous me faites trembler, rien qu'en en parlant... Je crois que, si je la voyais, je me trouverais mal aussi...

PANTIN, *tremblant.* Allons, du courage!.. (*A la voix de Bichonnier, ils se séparent.*)

SCÈNE X.

LES MÊMES, BICHONNIER, CASTAGNETTE.

(4) BICHONNIER, *entrant par le fond, avec Castagnette.* Entrez, belle dame, entrez...

CASTAGNETTE. Il n'y a plus à s'en dédire, je suis chez vous.

PANTIN, *la voyant et jetant un grand cri.* Oh!... c'est elle!...

ANNETTE, *poussant aussi un cri.* Je me sauve. (*Ils s'enfuient tous les deux par le fond.*)

SCÈNE XI.

CASTAGNETTE, BICHONNIER.

(5) BICHONNIER, *remontant.* Eh bien! qu'est-ce qu'ils ont donc?... Mais c'est très-inconvenant de faire une telle sortie!... (*Appelant.*) Pantin!...

CASTAGNETTE. Ne l'appelez pas, je vous en prie... (*Elle passe à droite.*)

(1) BICHONNIER, *redescendant.* Mademoiselle Courtois, je... je vous fais mes excuses... (*Un commissionnaire entre par le fond avec des crochets, sur lesquels il y a un matelas; il tient d'une main une malle et de l'autre un carton.*)

CASTAGNETTE. Tenez, monsieur Bichonnier, aidez ce brave homme à déposer ça là.

BICHONNIER, *aidant le commissionnaire à mettre la malle et le carton au fond à droite.* Ah! ah! des objets précieux que vous n'avez pas osé confier aux voitures... (*Le commissionnaire dépose le matelas au fond à gauche et sort par le fond.*)

CASTAGNETTE, *donnant un coup sur les doigts de Bichonnier qui touche à la malle.* Ah! je n'aime pas les curieux, monsieur Bichonnier... et voilà une remarque qui me blesse

BICHONNIER, *interdit.* Je ne l'ai pas fait pour ça, madame.

CASTAGNETTE, *tirant une ficelle de sa poche.* Ah! ça, où vais-je mettre ma commode?

BICHONNIER, *désignant le fond à droite.* Si j'osais hasarder un avis, je la mettrais dans ce coin-là.

CASTAGNETTE. Vous croyez?... au fait, voilà justement des clous. (*Elle attache sa ficelle diagonalement aux deux clous.*)

BICHONNIER, *intrigué.* Je ne devine pas trop ce qu'elle veut faire. (*Castagnette ôte son schall et le met sur la ficelle, ainsi que plusieurs robes qu'elle tire de sa malle.*)

CASTAGNETTE. Là... voilà ma commode.

BICHONNIER, *à part.* Est-ce que c'est une marchande à la toilette?... (*Haut.*) Pardon... je me permettrai de vous faire observer qu'en attendant que vos meubles soient posés, la poussière...

CASTAGNETTE. Mes meubles?... Je n'en ai pas.

BICHONNIER. Comment! ces trois voitures, qui...

(2) CASTAGNETTE, *allant porter son carton à gauche, près de la cheminée.* Oh! oui... (*Bruit de voiture en dehors.*) Eh bien! regardez...

BICHONNIER, *allant à la fenêtre.* Elles s'en vont! (*Criant.*) Eh! dites donc... arrêtez... C'est ici mademoiselle Courtois

CASTAGNETTE. Ils ne vous répondront pas.

BICHONNIER. Pourquoi?

CASTAGNETTE. Parce que je n'avais fait marché avec eux que pour cinq minutes... (*Passant à droite.*) Aidez-moi donc à transporter mon matelas.

(3) BICHONNIER, *allant prendre le matelas dans ses bras, sans savoir ce qu'il fait.* Pour cinq minutes... Je ne comprends pas...

CASTAGNETTE. J'ai trouvé ces braves charre-

(1) Annette, Pantin, Blondine, Bichonnier.
(2) Annette, Pantin.
(3) Pantin, Annette.
(4) Pantin, Castagnette, Bichonnier, Annette.
(5) Castagnette, Bichonnier.

(1) Bichonnier, Castagnette.
(2) Castagnette, Bichonnier.
(3) Bichonnier, Castagnette.

tiers qui conduisaient ce mobilier... je leur ai dit : Je vous donne trois francs, rien que pour entrer dans une cour, en faire le tour et vous en aller... Voulez-vous? — Oui, ça va... et ils sont entrés.

BICHONNIER. Quoi! ce mobilier n'appartenait pas...

CASTAGNETTE. A Castagnette!

BICHONNIER, *soulevant le matelas.* Castagnette!

CASTAGNETTE. Fi donc! Pour qui me prenez-vous?... Ah! ne tutoyez donc pas mon matelas, eh!

BICHONNIER, *pouvant à peine parler.* Castagnette... que mon neveu...

CASTAGNETTE. Juste!

BICHONNIER. Et vous osez!...

CASTAGNETTE, *passant à gauche.* Vous le voyez bien, puisque me voilà.

(1) BICHONNIER. Et vous ne craignez pas ma colère!...

CASTAGNETTE. Puisque je viens pour vous y faire mettre cent fois par jour!

BICHONNIER, *allant remettre le matelas au fond.* La voilà donc cette Castagnette, qui ne paie pas quelquefois ses loyers.

CASTAGNETTE. Quelquefois?.. Jamais, jamais! au grand jamais, je n'en ai payé un seul!

BICHONNIER. Et vous osez me le dire!...

CASTAGNETTE. Pourquoi vous abuser?

BICHONNIER. Mais que me disait ce gredin d'Ugolin?

CASTAGNETTE. Ce que vous direz vous-même, quand on viendra aux renseignements sur mon compte... mais nous n'en sommes pas là.

BICHONNIER. C'est un peu fort!.. Mais il y a des lois!...

CASTAGNETTE, *tirant un Code de sa poche.* Je les connais mieux que vous, moi qui ai fait mon droit... Voyons, c'est l'article... (*Elle feuillette le Code.*)

BICHONNIER. Je serais obligé de vous garder trois mois?

CASTAGNETTE. Six .. jamais moins... j'y perdrais.

BICHONNIER. Six mois!... Eh bien! moi, je vous garantis...

CASTAGNETTE. Mais lisez donc le Code, mon cher ami... vous me faites de la peine... (*Lisant le Code.*) Il y a d'abord assignation... bon!... jugement... bon!... commandement... Je forme opposition... Vous comprenez, mon cher... Tenez, regardez le Code.

BICHONNIER, *exaspéré.* Mais vous perdrez!

CASTAGNETTE. Mais je le sais bien... j'en rappelle.... ça fait des frais... vous les payez.... Vous avez, il est vrai, mon mobilier en garantie... (*Elle passe à droite.*)

(2) BICHONNIER. Elle est belle la garantie!

CASTAGNETTE. Pardié! j'aurais plutôt vendu mes meubles, si j'en avais eu, dans la crainte que... mais je ne donne pas dans ce charlatanisme-là...

BICHONNIER. Mais qui a donc pu vous rendre propriétairophobe?

CASTAGNETTE. Qui a pu?... Ecoutez et asseyez-vous. (*Elle apporte la chaise au milieu du théâtre, et, au moment où Bichonnier va se mettre dessus, elle s'assied.*) J'avais dix-sept ans : j'étais brodeuse, sage, quoique gentille... L'ouvrage me manque... Malgré ma bonne volonté je ne pus payer mon terme. Le propriétaire, sans écouter mes supplications, me met à la porte en retenant mes meubles. J'étais seule, dans la rue, pleurant... Un jeune homme passe... c'était un étudiant... il me console, m'emmène... et... quelque temps après, j'avais commencé mes études de droit .. (*Elle se lève, et Bichonnier s'empresse de s'asseoir.*) Bientôt, d'une bonne ouvrière que j'étais, je devins la première polkeuse de la Chaumière... Mon étudiant en droit mourut... je voulus alors faire quelques études dans la médecine, et ce fut votre neveu qui... où avais-je les yeux?... Enfin, n'importe... Et qui le force à me quitter?... son oncle!... (*Elle avance sur Bichonnier qui se lève tout effrayé.*) Encore un propriétaire!... de cette classe maudite qui fut cause de toutes mes erreurs!... (*Remettant la chaise à droite.*) O propriétaires!... rien qu'à ce nom, je rage!...

AIR *du Pas redoublé.*

J'les aim' si peu, qu'si l'on m'offrait,
C'qui n'est pas vraisemblable,
Un' maison... j' vous donne mon billet
Que je serais capable
De refuser... oui, le contrat
N'pourrait que me déplaire,
Tant j'rougirais qu'on me donnât
Le nom d'propriétaire.

BICHONNIER. J'étouffe!... je suffoque!... je voudrais mordre!..

CASTAGNETTE. Eh bien! ça serait gentil, si dès le premier jour... Mais nous avons le temps, mon cher... D'abord, quand je serai seule dans la maison... (*Elle remonte et va continuer de ranger ses effets sur la ficelle.*)

BICHONNIER. Comment! seule?...

CASTAGNETTE, *du fond.* Pardié! vous pensez bien que je vais tant embêter vos locataires, qu'ils vont donner congé.

BICHONNIER. Mais il y a des lois de police!

CASTAGNETTE, *redescendant, et frappant sur sa poche.* Enfant!... et ce petit Code!... est-ce qu'on ne le possède pas, donc?... Ainsi, voilà qui est convenu... on déserte votre maison... vous-même, vous ne dormirez plus... et dans six mois je... mais, soyez gentil, ou je vous demande des dommages et intérêts. Je commence aujourd'hui par donner bal et concert.

BICHONNIER, *remontant.* Miséricorde!... et mon savant!... et mon horloger!...

(1) CASTAGNETTE. Voulez-vous que je les invite?... Tous mes amis et amies ont déjà reçu une circulaire... Ah!... il y a justement un compatriote à vous, un Auvergnat!...

BICHONNIER. Ça ne sera pas : je vais donner ordre pour que personne ne monte chez vous.

CASTAGNETTE, *prenant son Code.* Attendez donc, mon gaillard, le cas est prévu...

BICHONNIER, *exaspéré.* Eh bien! ça m'est égal, je...

(1) Castagnette, Bichonnier.
(2) Bichonnier, Castagnette.

(1) Castagnette, Bichonnier.

SCÈNE XII.

LES MÊMES, BLONDINE, *puis* ÉTUDIANTS *et* GRISETTES.

(1) BLONDINE, *entrant par le fond.* Madame, voilà des jeunes gens et des demoiselles qui demandent à vous voir

CASTAGNETTE. Qu'ils entrent. (*Elle passe à droite*.)

(2) BICHONNIER. Non ! fermez la porte ! (*Les étudiants et grisettes entrent en riant par le fond, malgré Blondine; un étudiant porte une musette.*)

(3) CHOEUR.

AIR *de la Tentation.*

A l'appel qu' nous fait Castagnette,
Nous voilà
Quand il faut gaîment s' mettre en fête,
On est là !
Ma foi, chacun son goût,
Le plaisir avant tout !

(*Pendant le chœur, Castagnette leur donne à tous des poignées de main.*)

(4) BICHONNIER, *allant aux étudiants.* Messieurs, je vous ferai observer..

CASTAGNETTE, *bas à Bichonnier.* Voulez-vous passer pour un homme mal élevé?... ça serait gentil... (*Haut.*) J'ai l'honneur de vous présenter mon propriétaire... (*A Bichonnier en le faisant saluer.*) Saluez !

BICHONNIER, *comme forcé.* Non !... je ne saluerai pas.. là !... Vous ne connaissez pas l'énergie de mon caractère !... (*Éclat de rire général. — Passant près de Blondine.*) Blondine, allez chercher la garde !...

(5) BLONDINE. J'y vas, si vous me dites : Blondine, va chercher la garde !

BICHONNIER. Ah !... Eh bien ! va chercher la garde !

BLONDINE, *avec joie.* Enfin, il l'a dit !... J'y vas. (*Elle remonte. — Au moment où elle est pour sortir, sur un geste de Castagnette, l'étudiant qui porte une musette se met à jouer une bourrée. — S'arrêtant.*) (6) Ah ! Eustache, entends-tu ?... (*Elle redescend, tout en dansant la bourrée, comme malgré elle.*) Ça me rappelle dans la Limagne...

BICHONNIER, *voulant la retenir.* Blondine, respectez ma dignité !... (*Entraîné par la musique, il en vient à danser aussi malgré lui, et c'est en dansant qu'ils continuent, l'une heureuse, l'autre furieux. — Les étudiants et les grisettes se les montrent en riant et marquent le pas de bourrée.*)

BLONDINE. Eustache, je vas tout déclarer devant ces messieurs...

BICHONNIER, *toujours dansant avec colère.* Vous ne le ferez pas, Blondine, ou je.. (*Il traverse.*)

(1) BLONDINE, *dans le délire.* Voyez-vous, c'est avec cette grâce qu'il m'a séduite !... et ..

BICHONNIER, *dansant toujours.* Ne l'écoutez pas!. . jamais, au grand jamais!... (*La bourrée devient générale et plus animée. — Annette entre par le fond.*)

(1) Castagnette, Blondine, Bichonnier.
(2) Blondine, Bichonnier, Castagnette.
(3) Castagnette, Bichonnier, Blondine.
(4) Bichonnier, Castagnette, Blondine.
(5) Castagnette, Bichonnier, Blondine.
(6) Castagnette, Blondine, Bichonnier.

SCÈNE XIII.

LES MÊMES, ANNETTE.

(2) ANNETTE, *étonnée.* Ah ! mon Dieu ! mon tuteur qui danse la bourrée !

CASTAGNETTE, *à part.* Ma rivale !

BICHONNIER, *épuisé, tombant dans les bras des étudiants, qui poussent un hourrah.* Je suffoque ! .. je me trouve mal !...

CASTAGNETTE. Allez cherchez le médecin du premier !

BICHONNIER, *se relevant tout d'un coup.* Non ! qu'il ne soit pas témoin !... Blondine, allez chercher la garde !

TOUS. La garde ! (*Une partie des étudiants remonte et va barrer la porte du fond.*)

BLONDINE. Ma foi, non !... ils sont trop aimables pour ça !...

BICHONNIER. Non?... Eh bien ! j'irai moi-même !... (*Il remonte.*)

CASTAGNETTE, *aux étudiants qui barrent la porte.* Laissez-le faire... il n'ira pas !...

BICHONNIER, *redescendant.* Je n'irai pas !

CASTAGNETTE, *à Bichonnier.* Voyons, nous sommes amis, que diable !... Vous devez bien penser qu'on m'en a menacée bien des fois !...

BICHONNIER. Et on n'y allait pas ?... Eh bien ! moi, j'irai...

CASTAGNETTE. Au fait, allez-y !... C'est dans votre intérêt... c'est parce que je vous aime... c'est parce que voir la garde entrer chez vous ça va déconsidérer votre maison !... (*Aux étudiants du fond.*) Faites place à monsieur Bichonnier !... (*Les étudiants démasquent la porte.*)

BLONDINE. Heureusement, la chambre de l'horloger est au-dessous de l'autre pièce.. ce mouvement aurait mis en mouvement tous ses mouvements !...

CASTAGNETTE. Comment, monsieur Bichonnier, vous ne nous dites pas cela !... Allons danser au-dessus de l'horloger !...

TOUS. Allons danser au-dessus de l'horloger !

BICHONNIER, *exaspéré.* Ah ! c'est comme ça !... Eh bien !... vous allez connaître l'énergie de mon caractère !... (*Il sort par le fond avec Blondine, accompagné par les rires de tout le monde.*)

CASTAGNETTE, *bas à deux étudiants.* Vous connaissez Pantin... Il est dans cette maison... déterrez-le et amenez-le-moi mort ou vif !. . (*Haut.*) Et maintenant, au-dessus de l'horloger !...

TOUS. Au-dessus de l'horloger !

(1) Castagnette, Bichonnier, Blondine.
(2) Castagnette, Bichonnier, Blondine, Annette.

CHOEUR.

AIR : *Fanfare de un et un.*

A la danse,
En cadence,
Que chacun de nous recommence!
Patience!
L'horloger
Sera forcé de déloger!

(*Tous les étudiants et grisettes sortent par la porte à gauche, en dansant le galop. — Castagnette va les suivre lorsque Annette l'arrête.*)

SCÈNE XIV.

CASTAGNETTE, ANNETTE.

(1) ANNETTE. Mademoiselle, je voudrais vous parler.

CASTAGNETTE, *à part.* A moi ! . (*Redescendant.*) Qu'elle soit honnête, ou sinon...

ANNETTE, *à part.* Pantin me disait qu'elle avait un excellent cœur, quand on savait la prendre...

CASTAGNETTE. Que me voulez-vous, mademoiselle?...

ANNETTE, *d'un air craintif.* Mon Dieu!... je tremble!... vous ne me battrez pas?...

CASTAGNETTE. Hum!... qui sait?... voyons...

ANNETTE. Mademoiselle, monsieur Pantin vous a bien aimée... et ça se conçoit, car vous êtes bien gentille.

CASTAGNETTE. J'en conviens. Après?

ANNETTE. Il n'est pas beau, monsieur Pantin.

CASTAGNETTE. Ça c'est vrai. Après?

ANNETTE. Il est même un peu bête...

CASTAGNETTE. Un peu?... beaucoup .. Après?

ANNETTE. Mais, dame!... je n'ai pas, comme vous, l'embarras du choix... Je n'en ai qu'un pauvre petit... laissez-le moi!

CASTAGNETTE. Vous l'aimez donc beaucoup!

ANNETTE. Dame! faute de mieux... Mais, si vous me refusez, je vous le jure, mademoiselle, je lui défendrai de me parler... je l'engagerai à vous aimer toujours.

CASTAGNETTE. Pauvre petite!

ANNETTE. Et ce sera bien malheureux pour lui... car alors mon tuteur a juré qu'il se marierait et qu'il déshériterait Pantin.

CASTAGNETTE. Vrai?... Ah! tant mieux!

ANNETTE. Mais, moi, que vous ai-je fait?

CASTAGNETTE. Au fait, ce n'est que par amour-propre que...

ANNETTE. Votre arrivée dans cette maison bouleverse tout...

CASTAGNETTE. Je l'ai bien fait pour ça.

ANNETTE. Si vous étiez assez bonne .. pour...

CASTAGNETTE. Pour?...

ANNETTE. Pour... vous en aller?...

CASTAGNETTE. Avant six mois?... Oh! non!

ANNETTE. Si vous saviez... Je vous connais à peine, et je me sens toute portée d'amitié pour vous.

(1) Castagnette, Annette.

CASTAGNETTE, *à part.* Cette satanée petite fille me...

ANNETTE. Vous hésitez?. . Ah! que vous êtes bonne!...

CASTAGNETTE. Non!... ça ne se peut!.. Non que je tienne à Pantin!... mais j'ai ma réputation à soutenir. Si je restais moins de six mois dans un logement, on croirait...

ANNETTE, *pleurant.* Que je suis malheureuse!

CASTAGNETTE, *allant à elle.* Allons, ne pleurez pas... Écoutez, je veux bien faire quelque chose pour vous.

ANNETTE. Quel bonheur! (*On entend dans la cour un bruit de fusils.*)

CASTAGNETTE. Qu'est-ce que c'est que ça?

ANNETTE, *allant à la fenêtre.* La garde!...

CASTAGNETTE. La garde!... Il a osé!... Par exemple, c'est le premier!.. Ah! c'est la guerre!.. Eh bien! la guerre... t'en auras pour tes six mois!...

SCÈNE XV.

LES MÊMES, BICHONNIER.

(1) BICHONNIER, *entr'ouvrant la porte du fond et passant sa tête.* Eh bien! il l'a osé!..

CASTAGNETTE. Qui?

BICHONNIER. Le droguiste Bichonnier!

CASTAGNETTE. Osé. . quoi?...

BICHONNIER. Aller chercher la garde!

CASTAGNETTE. Une garde-malade?... Vous êtes indisposé?...

BICHONNIER. Non, non... quatre hommes et un caporal!

CASTAGNETTE. Pourquoi faire?

BICHONNIER, *entrant furieux.* Comment! on fera du bruit dans ma maison, et...

CASTAGNETTE. On a fait du bruit dans la maison?... Que ça ne se renouvelle pas, propriétaire, ou je vous donne congé!

BICHONNIER. Ah! vous le prenez sur ce ton!.. (*Allant à la fenêtre et faisant un signe.*) Montez!

(2) CASTAGNETTE. Ah! mon cher monsieur Bichonnier, que vous possédez peu votre Code!.. « Quiconque viole le domicile d'un citoyen... »

(3) BICHONNIER, *revenant à elle.* Vous osez soutenir!...

CASTAGNETTE. Comment!.. une pauvre femme seule...

SCÈNE XVI.

LES MÊMES, PANTIN, *tout couvert de paille, amené par deux étudiants. Ils entrent par le fond.*

(4) UN ÉTUDIANT. Tenez, Castagnette, nous l'avons trouvé caché dans un grenier à fourrage. (*Il remonte avec l'autre étudiant.*)

(1) Castagnette, Bichonnier, Annette.
(2) Castagnette, Annette, Bichonnier.
(3) Castagnette, Bichonnier, Annette.
(4) Pantin, l'Étudiant, Castagnette, Bichonnier, Annette.

CASTAGNETTE, *à part*. Que le diable les emporte! (*Elle passe près d'Annette.*)

(1) BICHONNIER, *triomphant*. Ah! vous étiez seule?...

CASTAGNETTE. Si deux cousins ne peuvent pas venir me voir! (*On entend des rires dans la chambre à côté.*)

BICHONNIER. Ah! ce sont encore des cousins et des cousines, ça? (*Allant à la porte de gauche.*) Entrez, messieurs, entrez!... (*Les étudiants et les grisettes entrent en tumulte et garnissent le fond.*)

CASTAGNETTE, *à part*. Les imbéciles!

SCÈNE XVII.

LES MÊMES, BLONDINE, ÉTUDIANTS *et* GRISETTES.

(2) BLONDINE, *entrant par le fond, à Bichonnier*. Voilà tous vos locataires qui vous donnent congé!

BICHONNIER, *exaspéré*. Bon! bon! (*Passant près de Castagnette.*) Croyez-vous avoir assez mérité le châtiment que mon énergie vous réserve?

(3) CASTAGNETTE. Vraiment!... Vous croyez que Castagnette se résigne comme ça!... Non!... je resterai mes six mois ici... La garde?... Eh! le commissaire n'est pas loin... et avec un voile bien épais.. (*Elle court à sa malle, bouscule tous les chiffons, les papiers, etc.*)

BICHONNIER, *furieux*. C'est comme ça! (*Allant à la fenêtre.*) Montez... (*Revenant près de Castagnette.*) Etes-vous prête, madame?...(*Pantin est passé à droite.*)

(4) CASTAGNETTE, *redescendant et cachant un papier dans sa main*. Certainement... Mais, un instant... Vous venez de me faire vos conditions; je vais vous faire les miennes : vous allez me prier devant tout le monde de sortir, mais en nous invitant à un banquet, bal, soirée et punch, que vous allez donner à tous.

BICHONNIER. Madame, la garde s'impatiente... (*Il remonte.*)

ANNETTE. Plus d'espoir!... Tout est perdu!

(5) CASTAGNETTE, *passant près d'elle et bas*. Enfant! (*Haut à Bichonnier.*) Je vous suis. (*Mouvement général.*) Mais, deux mots en particulier, monsieur Bichonnier.. (*Elle l'amène sur le devant de la scène.*) En cherchant dans ma malle un voile, pour cacher la rougeur que vos quatre hommes et le caporal allaient faire monter à mon visage...

BICHONNIER. Et qu'ils vont y faire monter, madame, car...

CASTAGNETTE. Taisez-vous!... ou je vous fais payer dix repas monstres, au lieu d'un... Un papier frappe ma vue... j'y vois un nom... celui d'Eustache Bichonnier...

(1) Pantin, Bichonnier, Castagnette, Annette,

(2) Pantin, Bichonnier, Blondine, Castagnette, Annette.

(3) Pantin, Blondine, Bichonnier, Castagnette, Annette.

(4) Blondine, Castagnette, Bichonnier, Annette, Pantin.

(5) Blondine, Bichonnier, Castagnette, Annette, Pantin.

BICHONNIER, *inquiet*. Hein?...

CASTAGNETTE. Et que vois-je dans les papiers de ce pauvre Anastase Coquinard, étudiant en droit, et mort dans mes bras?... Une promesse de mariage que lui avait confiée Blondine, votre portière...

BICHONNIER, *effrayé*. Hein? ..

CASTAGNETTE, *montrant le papier*. Cette promesse, la voilà!. . (*Bichonnier veut la prendre; elle la retire.*) Pas de gestes!... un oui ou un non... Acceptez, et je vous la rends... (*Elle remonte vers les étudiants; Bichonnier semble se consulter.*)

(1) TOUS, *à Bichonnier*. Eh bien?

BICHONNIER. Eh bien! messieurs et dames, je vous invite tous pour ce soir... il y aura bal, repas, concert...

CASTAGNETTE. Et punch!...

BICHONNIER, *avec rage*. Et punch!...

TOUS. Bravo!

CASTAGNETTE, *prenant Blondine, à part*. Si vous aviez épousé M. Bichonnier, vous l'auriez rendu bien heureux, hein?

BLONDINE. Je l'aurais rendu malheureux comme les pierres, le gredin!

CASTAGNETTE, *à part*. Rendre malheureux un propriétaire!... Que c'est tentant pourtant!...

BICHONNIER, *la voyant hésiter, bas*. Et la promesse?

CASTAGNETTE. Ah! bah! je n'ai qu'une parole!... (*Il va pour prendre le papier; le mettant dans sa poche.*) Au dessert! .. Oui, mais avec tout ça, où vais-je aller demeurer.

BICHONNIER, *la prenant à part*. Si vous vouliez aller au n° 10... c'est le sergent-major de ma compagnie qui en est le propriétaire... Il m'a mis trois fois de garde en dix-huit mois... J'ai beaucoup à me plaindre de lui...

CASTAGNETTE, *souriant*. Mais il viendra chez vous prendre des renseignements...

BICHONNIER. Soyez tranquille; ils seront pour le moins aussi favorables que ceux que ce gueux d'Ugolin m'a donnés sur votre compte.

CHOEUR FINAL.

AIR :

Du propriétaire
Nous bravions la colère :
Mais cessons la guerre,
Puisqu'il signe la paix

CASTAGNETTE, *au public*.

AIR *de madame Favart*.

Si, pour mon allure trop franche,
Vous êtes indulgents ce soir,
J'ose vous promettre, en revanche,
D'accomplir aussi mon devoir.
Parlez!... fâcheux de toute espèce
Qui vous rendraient tant soit peu malheureux,
Veuillez me donner leur adresse...
Vite j'irai *loger* chez eux!

Reprise du chœur.

(1) Blondine, Castagnette, Bichonnier, Annette, Pantin.

FIN.

PARIS. — IMPRIMERIE DE J. CLAYE ET Ce, RUE SAINT-BENOIT, 7.

MAGASIN GÉNÉRAL DE PIÈCES DE THÉATRE.

Rue de Grammont, 14.

On trouve dans cette maison toutes les Collections de pièces de théâtre anciennes et modernes, ainsi qu'une grande quantité de pièces qui, n'ayant pas été réimprimées, manquent dans le commerce.

Paris. — Imprimerie J. Claye et Ce, rue Saint-Benoît, 7.

www.ingramcontent.com/pod-product-compliance
Lightning Source LLC
LaVergne TN
LVHW010331230826
846091LV00009B/3823

9782011905277